21天
让孩子
爱上学习

谷雨 编著

台海出版社

图书在版编目（CIP）数据

21 天让孩子爱上学习 / 谷雨编著 . -- 北京：台海
出版社，2024. 10. -- ISBN 978-7-5168-4023-8

Ⅰ. G791；G78

中国国家版本馆 CIP 数据核字第 2024DE7410 号

21 天让孩子爱上学习

编　著：谷　雨

责任编辑：姚红梅　　　　　　　封面设计：韩海静

出版发行：台海出版社
地　　址：北京市东城区景山东街 20 号　邮政编码：100009
电　　话：010-64041652（发行，邮购）
传　　真：010-84045799（总编室）
网　　址：www.taimeng.org.cn/thcbs/default.htm
E-m a i l：thcbs@126.com

经　　销：全国各地新华书店
印　　刷：三河市燕春印务有限公司
本书如有破损、缺页、装订错误，请与本社联系调换

开　　本：710 毫米 ×1000 毫米　　1/16
字　　数：111 千字　　　　　　　印　　张：9
版　　次：2024 年 10 月第 1 版　　印　　次：2024 年 10 月第 1 次印刷
书　　号：ISBN 978-7-5168-4023-8

定　　价：59.00 元

目录
contents

第一章

孩子，你为什么要学习

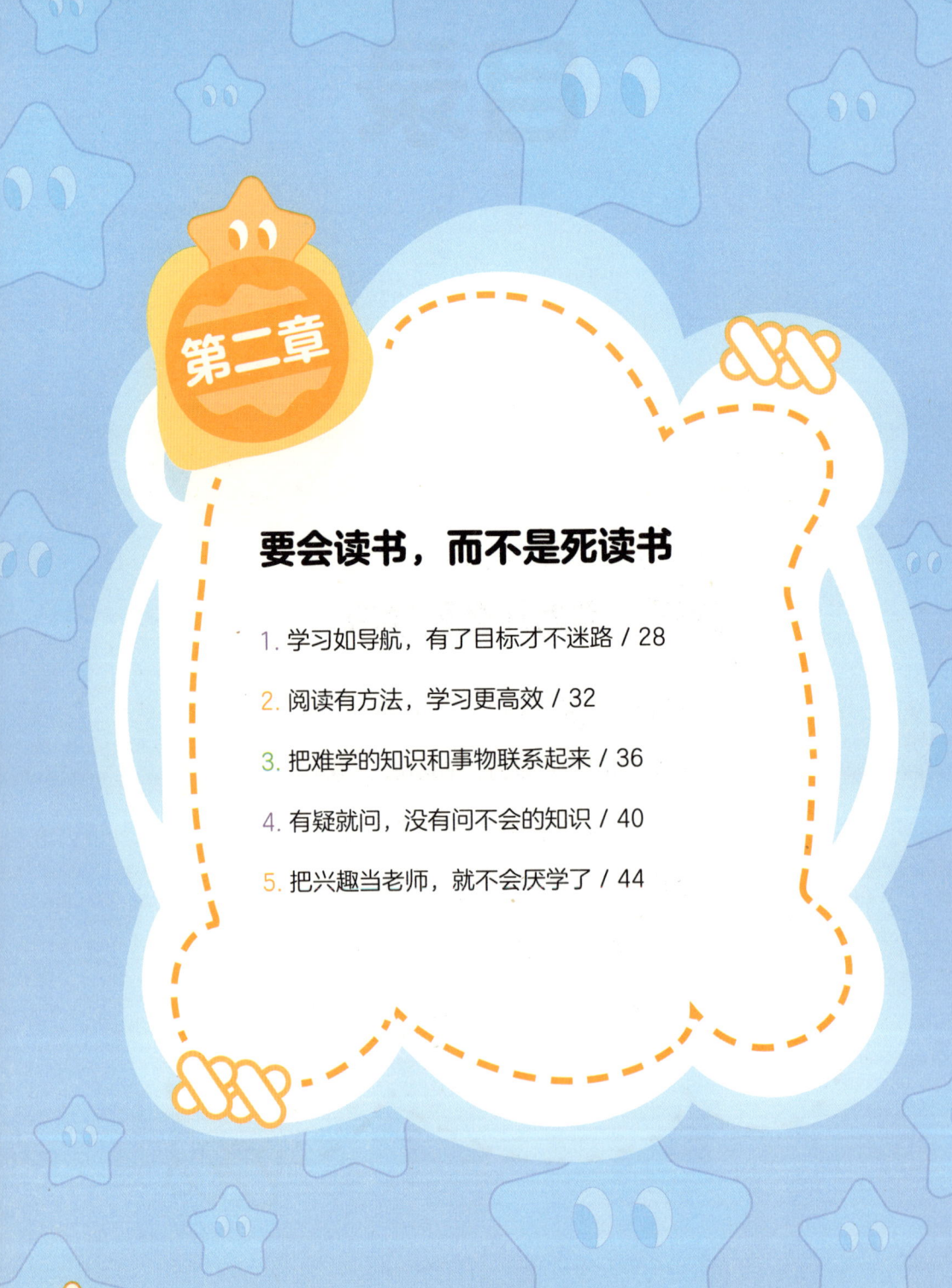

第二章

要会读书，而不是死读书

第三章

善用学习工具，学习"苦差"变游戏

第四章

不怕输在起跑线上，就怕输在时间管理上

成功来自勤奋，实力来自努力

第五章

第六章

这些学习的"坑",你跳过了吗

第一章

孩子，你为什么要学习

1. 如果不甘平庸，那就拿起书

我是一个普普通通的孩子，可是我的心里不甘于平庸。我特别沉迷电子游戏和电视节目，对书一点兴趣都没有。看到同学们因为读书变得知识丰富、谈吐优雅，我心里其实也有触动，但就是没法放下手中的游戏手柄。时间一天天过去，我的学习成绩越来越差，表达能力也很有限。班级组织活动，大家纷纷展示才华，我却只能在一旁羡慕地看着。这时我才明白，因为我拒绝书本，已经错过了好多成长的机会，现在依旧在平庸里打转，可我却不知道该怎么去改变。

老师讲 你眼中的学习是什么样的？

　　你的身边有没有这样的同学？平时不爱学习，总是质疑学习没有用；做功课，三天打鱼，两天晒网，没有常性；从来不重视自己的未来，做事总是得过且过，缺乏努力学习的志气。然而，学习对于我们来说至关重要，当我们拥有了学习的决心后，就会把知识当作开启未来大门的钥匙。它能让我们在面对困难时有勇气去攻克，在面对未知时有底气去探索。没有学习志气的人，只会在原地徘徊，错过很多精彩的人生，一生都碌碌无为。而立志学习的人，能不断攀登知识高峰，为自己创造无限可能，书写属于自己的辉煌篇章。

我要问 边学边问，学得更快

　　我知道了，如果想让自己的前途充满光明，不过平庸的一生，最好的办法就是努力读书！那么，我们该怎么开始才好呢？

学霸说 这样做，早晚爱上学习

1.制订计划，多做笔记

无论做什么事，先从一个计划开始，在学习这个问题上，尤其如此。哪怕是一个超级简单的学习清单，也是一个好的开端。千万别忘了把重要的知识记录下来，这样才能记得更牢固。

2.学会思考，勤于实践

学习与思考是一对好兄弟，只有思考才能把所学的知识学深、学透，是学习中必要的好习惯。学习中另一个有用的好习惯就是实践，它有助于我们找到兴趣和方向，更有利于我们树立远大理想，并且能使我们对知识的理解更轻松。

3.分享知识，互助进步

"独乐乐不如众乐乐"，一个人学习难免显得枯燥乏味，与他人分享和交流有很多好处。比如，及时纠正错误、巩固知识、提升学习兴趣、拓宽知识面等。最重要的就是，通过分享可以互相帮助提升和进步。

小·总结　今天我们学到了……

爱上学习的第一步，就是要先给自己打打气。没有动力的读书，很难坚持下去。如果想拥有一个与众不同的人生，就应该有不断学习的志气。

学习的方法多种多样，最重要的是找到最适合自己的那一种。先从一个小小的计划开始，然后把思考、实践、复习都落实到行动中，学习就是一件超简单的事了。

2. 脚步丈量不到的地方，书籍可以

　　我从小就对读书提不起兴趣，觉得那特别枯燥。有一次，学校组织了一场读书分享会。有个同学分享了关于热带雨林的故事，那里有奇特的动植物和神秘的原始部落。我听得入了迷，仿佛自己也置身其中。我这才发现，原来有好多好多神奇的地方是我的脚步根本无法到达的。

　　回到家后，我开始翻阅各种书籍，在书里，我"去"了寒冷的南极，看到了可爱的企鹅；"逛"了古老的北京故宫，感受着历史的韵味。我终于明白，脚步丈量不到的地方，书籍可以。书籍就像一个魔法盒子，打开它，就能进入一个全新的世界，让我也能领略到世界的广阔与奇妙。

老师讲   你眼中的学习是什么样的？

    你是不是也感觉读书学习很乏味呢？俗话说："读万卷书，行万里路。"在知识的海洋中，书本就如同周游世界的船票。每翻开一本书，便是开启一扇通往不同领域的门。读书让我们了解各地的风土人情、历史变迁，甚至探索人迹罕至的冰川和浩瀚的宇宙空间，仿佛身临其境般感受着世界的多彩。而学习，更是一场充满惊喜的旅程。在学习的过程中，我们不断汲取新的知识，增长阅历。无论是钻研一门学科，还是掌握一项技能，都能让我们的眼光更加长远。

我要问   边学边问，学得更快

    书上说：远见是一种超越了现在、可以洞察未来的能力。有了远见，我们就能在纷繁复杂的世界中看清趋势，做出明智决策。但远见并不是天生就有的能力，而是需要不断地学习，增长见闻和阅历。不断学习让我们站在更高的视角看待事物，从而逐渐形成远见，为人生指引正确的方向。那我们具体该怎么做才能拥有远见呢？

1.提升洞察力

想拥有卓越的远见，培养对事物的洞察力是首要条件。洞察力就是发现和分析事物的能力，对于挖掘事物的价值十分关键。培养洞察力就需要不断提高自己观察和分析的方法，好奇心则是驱动我们去观察和分析的动力。因此，学习正是引发我们好奇心的钥匙。

2.增强判断力

判断力就是面对抉择时的决策能力。想提高判断力就需要拥有广博的见闻，读书是增长见闻最好的方式。除此之外，参加文体活动、观看各种展览、旅行等都可以让我们拥有多样化的体验。批判性思维在判断力中也是很重要的思维能力，在阅读一篇文章时，可以通过里面的内容锻炼辨别信息真伪和对错的能力。另外，增强自信心、责任心等也很重要。

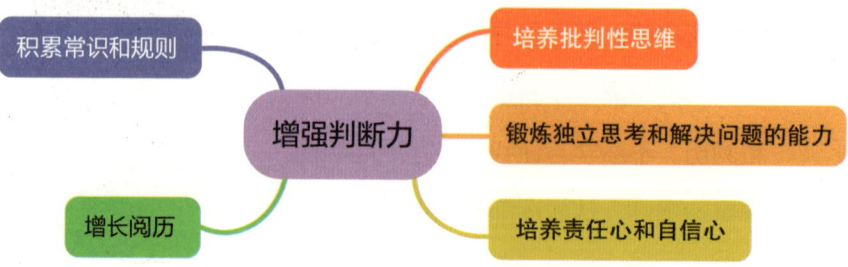

积累常识和规则 — 增强判断力 — 培养批判性思维 / 锻炼独立思考和解决问题的能力 / 增长阅历 / 培养责任心和自信心

3.提高学习力

学习与远见的关系，就像燃料与机械的关系一样。不断地学习和积累才是一切的基础，包括洞察力和观察力，没有学习一切就都是空谈。通过学习可以拓宽我们的知识面，使我们接触到不同的思想和观念，汲取前人的智慧，培养我们分析和判断问题的能力。学习也不仅限于书本，只要能接触到有用的知识，任何形式都可以是学习。

 小·总结 今天我们学到了……

学习可以让我们更有远见，而拥有远见最重要的表现恰恰也是爱学习。

想拥有卓越的远见，就要提升自己的洞察力、增强判断力、提高学习能力，思想所能到达的地方也就越来越远。

读有趣的书，也可以是自己喜欢的书，这样有助于保持读书的动力。

3. 书读得越多，你的视野越宽阔

　　我是爱读书的孩子，每翻开一本书，就好像打开了一扇通往新世界的神奇大门。书里的那些人物，一个个活灵活现地蹦出来，拉着我走进他们的故事。我一会儿跟着勇敢的冒险家在神秘的丛林里穿梭，一会儿又陪着智慧的学者在古老的城堡中探索真理。我仿佛穿越了时空，飞到了好远好远的地方，看到了好多以前想都不敢想的奇妙风景。

　　渐渐地，我理解了不同文化，接受了不同的价值观。思维不再局限，视野变得宽阔。我知道世界很大，到处都是精彩，只等我去发现。

人生更宽广　　视野越开阔　　读书越多

老师讲　你眼中的学习是什么样的?

学习就犹如一把神奇的钥匙，为我们开启广阔世界的大门，不断扩展着我们的视野。当我们沉浸在书籍的海洋中，与古往今来的智者对话时，便能领略不同时代的风貌和思想的璀璨光芒。学习新的语言，让我们得以突破文化的限制，走进别样的国度，感受异域的风情。参加各种培训和讲座，接触前沿的知识和理念，使我们站在时代的潮头，洞察世界的变化。学习让我们的视野不再局限于狭小的空间，而是向着无尽的远方不断延伸。

我要问　边学边问，学得更快

原来，这就是大家所说的视野啊！拥有了知识，我们就能更轻松地理解复杂的现象、洞察事物的本质。知识越多，我们看待问题的角度就越多元，视野也随之更加宽广。想要拥有更广阔的视野，我们该怎么学习才最好？

学霸说　这样做，早晚爱上学习

1.忘记旧习，勇于尝试

　　学习进步往往伴随着学习方法的不断改进。如果遇到了学习阻力，就说明方法已经成为限制我们的"瓶颈"，积极尝试改变会是一个不错的途径。首先要做的就是抛弃"老脑筋"，换个新思路，比如尝试利用工具或者多做练习等。

2.书本随身，随时阅读

　　不管到哪里，一定要随身带一本喜欢的书，哪怕是汉语字典或者迷你袖珍书也是可以的。假如闲下来无事可做，那就打开它阅读吧。如果感觉累了，那就停下来让眼睛休息一下。通过日积月累，不仅能养成阅读的好习惯，还能积累不同领域的知识，这十分有助于开阔视野。

3.定时复盘，及时整理

学到了知识并不代表万事大吉了，就如同一件心爱的玩具，时不时拿出来"晒一晒"才不至于腐朽和发霉。学习也需要定期复习和梳理，你会发现，在需要用到它的时候会更加得心应手。

**小·总结** 今天我们学到了……

知识犹如一扇窗，让我们拥有无限宽广的视野去看待世界，而学习就是打开这扇窗户的关键钥匙。

宽广的视野，有利于个人成长、能助力于未来发展、有效改善人际关系，宽阔的视野就是通往成功的重要阶梯。

一个知识点，通过预习可以掌握20%，通过课堂可以掌握50%，总结时掌握100%，这样在复习时才不再有疑问。

4. 腹有诗书气自华，
在阅读中提升气质

我一直渴望变得出众，却不知该怎么做。一天，我偶然走进了图书馆。满架的书籍仿佛散发着神秘的光芒，深深吸引着我。我随手拿起一本诗集，翻开的瞬间，优美的文字就抓住了我的心。

从那以后，我爱上了阅读。随着阅读量的增加，我的气质也在悄然改变。我不再羞涩内向，与人交谈时能引经据典，出口成章。我的眼神中多了自信和从容，整个人散发着独特的魅力。

在一次学校的文艺活动中，我朗诵了一首最喜爱的诗，赢得了台下阵阵掌声。那一刻，我终于明白，"腹有诗书气自华"，阅读让我提升了气质，成为更好的自己。

老师讲　你眼中的学习是什么样的？

大文豪苏轼曾说过："腹有诗书气自华。"这句话说明了读书的另一个作用——可以提升人的气质，使其光彩照人。

英国哲学家弗朗西斯·培根说："读史使人明智，读诗使人聪慧，演算使人精密，哲理使人深刻，伦理学使人庄重，逻辑修辞使人善辩：凡有所学，皆成性格。"也指出了不同类型的学习会赋予人不同的特质和气质。

罗曼·罗兰也说过这样的话："和书籍生活在一起，永远不会叹息。"同样发人深省。看来，读书可以让人们的精神状态更加积极向上，从而改变气质。那么，对此你们认同吗？

我要问　边学边问，学得更快

老师说，学习不只是获取知识的途径，更是一种内在的修炼。通过学习带来的自信感，可以让人们的言行举止更加从容。通过学习提升的素养，可以让人们更加懂得尊重、理解他人。无论是阅读书籍、学习艺术还是掌握新技能，都在潜移默化中塑造着我们的气质，使我们由内而外散发出独特的魅力。那么，学习哪些知识能够更好地帮助我们提升气质呢？

1.先天气质

先天气质是我们与生俱来的行为模式和性格倾向的基础。它可能表现为活泼好动，充满好奇心；也可能表现为直率外向，不畏艰险；还可能表现为耐心细致，情绪稳定；还可能表现为敏感细腻、富有创造力。先天气质并非一成不变，它会在成长的过程中受到环境、教育和个人经历的影响而有所发展和变化。

2.后天气质在于熏陶

所谓"近朱者赤"，即经常和什么样的人打交道，自然也就会变成什么样的人。学习和气质培养一样，经常接受什么样的熏陶，自然就会有什么样的气质。所以，下面这些有助于提升气质的知识门类，一定要多接触。

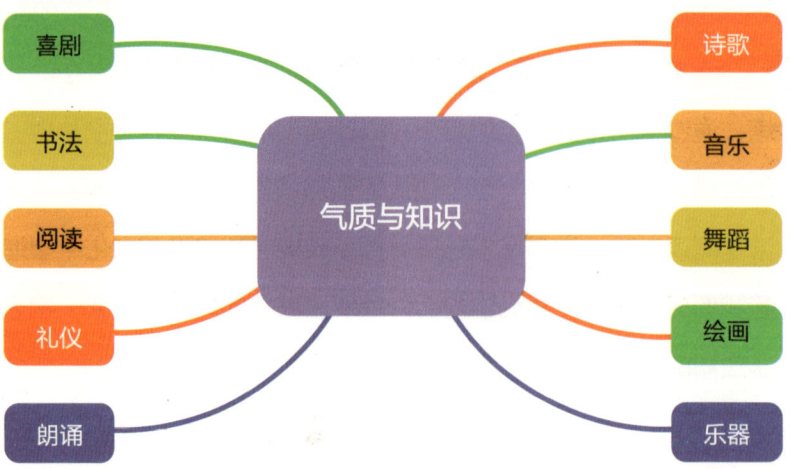

3.根据性格学习知识

性格	知识和爱好	好处
好动型	学习竞技类知识，如篮球、足球、棒球等	培养规则意识和团队协作，同时也可学习辩论技巧等，发挥其勇敢、直率的特点，锻炼逻辑思维和表达能力
外向型	适合学习艺术门类和礼仪交际相关的知识，如音乐、绘画、戏剧等	满足兴趣广泛的特性，更好地发挥善于交际的优势，提升个人魅力和人际关系处理能力
内向型	适合学习传统文化，如围棋、象棋、书法等。也可以钻研科技领域，如计算机、电子通信等	有助于培养耐心和专注力，以系统的方式探索世界，发挥其稳重、坚持的特质
敏感型	适合学习文学领域的知识，如朗诵、诗歌、写作等。还可以接触心理学、哲学方面的知识	让细腻的情感有抒发的渠道，可以更好地理解自己和他人的情绪，提升自我认知和情绪管理能力

小·总结　今天我们学到了……

每个人生下来都有属于自己的"原生"气质，但这些气质都可以通过不断学习来改变。

不同领域的知识和爱好，对不同性格的人有着不同的影响，根据性格来选择特长是较好的方法。

5. 读书不是为别人，而是为了自己

班级组织了一场辩论赛。全体分组比赛，看着同学们在台上对答如流，我却只能在台下干着急。要怪只怪我平时没有阅读积累，最后给小组拖了后腿。

比赛结束，我很失落，决心要好好读书。

一开始，我觉得很枯燥，但慢慢地，我被书中的故事吸引了。我沉浸在《哈利·波特》的魔法世界里，与哈利一起冒险；我走进《三国演义》的战场，感受英雄们的豪情壮志。

之后，老师又举办了辩论比赛，我积极报了名。在比赛中，我对答如流，一路过关斩将，让同学们刮目相看。我也因此爱上读书了。

老师讲　你眼中的学习是什么样的？

学习，从来都不是为了别人，而是为了成就自己的未来。当我们努力学习时，获得的知识与技能会成为我们人生的宝贵财富。学习不是为了满足父母的期望或者迎合老师的要求，而是为了让自己有更多的选择，去追求自己真正热爱的生活。通过学习，我们可以开阔视野，提升能力，为未来的成长和发展打下坚实的基础。只有真正认识到学习的目的，才能更好地形成自驱力，通过不断地扩展知识面、掌握新技能为自己创造一个更加美好的未来。

我要问　边学边问，学得更快

学习对自己有着诸多好处。学习能拓宽我们的知识面，让我们更加了解世界，在面对各种问题时能有更深刻的见解和更好的解决办法；学习能提升我们的技能，增加我们在职场上的竞争力，为自己赢得更好的发展机会；学习能培养我们的思维能力，使我们更加理性和睿智。学习能丰富我们的内心世界，让我们在独处时充实而愉悦。虽然我知道这些好处，但究竟是为什么呢？

学霸说　这样做，早晚爱上学习

1.理想是未来，不是为了表扬

　　每个人都有理想，或大或小。但有些人的理想只是为了得到家长老师的称赞，甚至有可能不是自己真实的想法。这种为了得到认可，树立不切实际梦想的方式，并不值得提倡。一切努力都应该是为了自己的未来，从自身条件和兴趣出发，才能有最好的结果。如果，把自己奋斗的目标和别人的意愿挂钩，怎么会有源源不断的学习动力？更谈不上成就感了。

2.与人攀比，不如共同进步

　　不管学什么或者做什么，都要找志同道合的人一起组成一个团队或者社群。这样做的好处有很多，最大的好处就是可以互相监督、互相帮助、互相鼓励。与其把学习当作一件攀比的事情，不如把它作为一种激励自己的措施，和大家一起进步。

3.放下负担，才能更好地前进

也许，你的负担并不源于学习本身，而是来自你把它当作一种"交代"或者"承诺"。而学习并不需要负担，它只是吸取知识的手段。放下"为别人"而学的想法，才能放下沉重的思想包袱和对分数的执着，从而更注重自身能力的培养，会让自己更加成功。

小·总结 今天我们学到了……

理想应基于自身条件和兴趣，为自己的未来而努力，而不是为了获得他人的表扬树立不切实际的梦想，这样才能有持续的学习动力。

学习可与志同道合的人一起互相监督、帮助和鼓励，把学习作为激励措施共同进步，而非用于攀比。

放下"为别人而学"的负担，不把学习当"交代"或者"承诺"，注重能力培养，才能更好地前进。

6. 学习是打开格局之门的钥匙

今天，我们学校邀请了一位很厉害的科学家来给大家讲故事。科学家讲了好多关于宇宙、恐龙和神奇发明的故事，我听得眼睛都发亮了。

从那以后，我开始认真学习各种知识，读了很多关于科学、地理和自然的书。每到休息日，我就会让妈妈带我去图书馆，一起查找有趣的书看。我学到了很多新的知识，知道了世界上有好大好大的海洋，有好高好高的山峰。

慢慢地，我发现自己看问题的角度不一样了。学习就像一把神奇的钥匙，可以打开格局之门，让我看到更广阔的世界。

老师讲　你眼中的学习是什么样的？

学习是一件很伟大的事情，它能够帮助我们极大地提升格局。当我们投入学习中，接触到不同的思想、文化和知识体系后，我们的眼界便逐渐拓宽。

通过阅读经典著作，我们能站在巨人的肩膀上看世界，领悟伟大思想家们的深邃智慧。学习历史，让我们了解人类的发展历程，明白兴衰成败的规律，从而以更宏大的视角看待当下。学习新技能和专业知识，使我们有能力参与更广泛的事务，突破自身局限。

在学习的过程中，我们不断成长和蜕变，格局也将随之不断提升，拥有与众不同的眼光和胸襟。

我要问　边学边问，学得更快

我们已经知道，学习可以改变气质、拓宽视野、开阔眼界、使我们有值得期待的未来，这些组合在一起，其实就代表着我们的格局。那么，格局对我们到底有什么用呢？

23

学霸说　这样做，早晚爱上学习

1. "空想"还是"实干"，由格局影响

　　喜欢空想还是实干并不是取决于心情，在很大程度上是受一个人的格局影响的。格局小的人，往往沉浸于不切实际的空想中，畏惧困难，缺乏行动的勇气。他们只看到眼前的局限，不敢迈出尝试的脚步。而格局大的人，能用更广阔的视野看待问题，喜欢用实际行动成就梦想。他们敢于面对挑战，积极行动，而非止于空想，他们更愿意在行动中不断提升自我，创造价值。

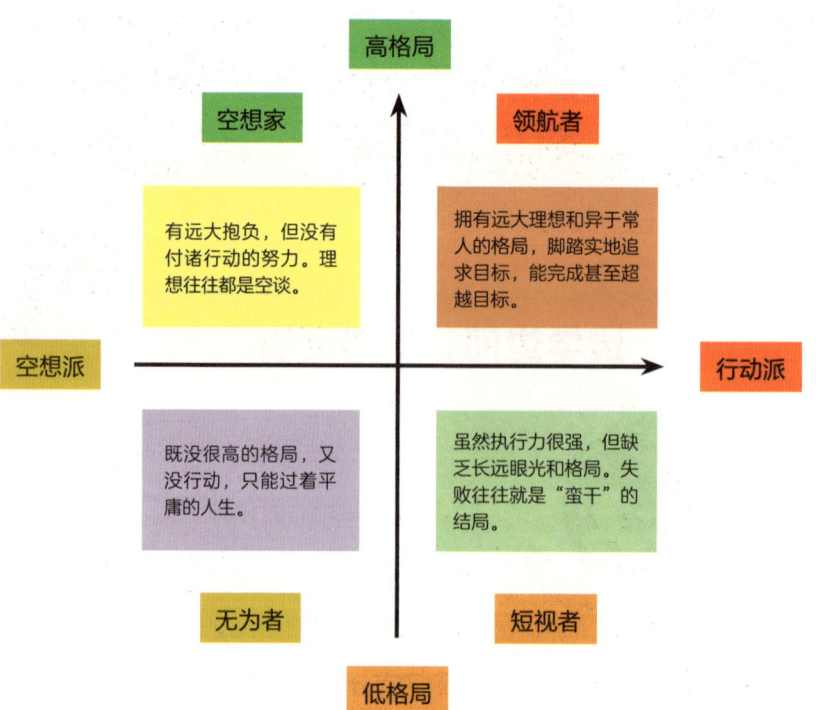

高格局

空想家
有远大抱负，但没有付诸行动的努力。理想往往都是空谈。

领航者
拥有远大理想和异于常人的格局，脚踏实地追求目标，能完成甚至超越目标。

空想派　　　　　　　　行动派

无为者
既没很高的格局，又没行动，只能过着平庸的人生。

短视者
虽然执行力很强，但缺乏长远眼光和格局。失败往往就是"蛮干"的结局。

低格局

2.人生是否成功，看格局高低

格局对我们的未来实在是太重要了，因为格局是由我们的胸襟、眼光、态度等一系列特质组成的。一个人的格局，就是他的未来，这个人是否成功，由他的格局来决定。

小·总结 今天我们学到了……

学习接触不同思想、文化和知识体系，拓宽眼界，通过阅读经典、学习历史和新技能等不断成长蜕变，提升格局，拥有独特眼光和胸襟。

格局小的人易空想、惧困难；格局高的人看待问题的视角更广阔，敢于实干，在行动中提升自我、创造价值。

格局由多种特质组成，一个人的成功与否由格局高低决定。

第二章

要会读书，而不是死读书

1. 学习如导航，有了目标才不迷路

这次考试，我的成绩很不理想。看着那满是红叉的试卷，我心里特别难过。我呆呆地望着试卷，陷入了深深的反思之中，究竟为什么会出现这样糟糕的情况呢？经过一番认真的思考，我终于发现，自己在学习上一直处于一种没有目标、没有计划的状态。每天仅仅是完成老师布置的作业后，便迫不及待地去玩耍了，完全没有想过要主动去学习更多的知识。

就像上次，语文老师要求我们课后阅读一些优秀的作文，可我却把时间都花在了玩游戏上。数学的一些难题，我也没有专门抽出时间去攻克。

我深刻地认识到不能再这样下去了，于是毅然决定做出改变。我开始精心制订详细的学习计划，为自己设定明确的学习目标。我坚信，只要能够持之以恒地坚持下去，就一定能提高自己的成绩。

老师讲 你眼中的学习是什么样的?

学习没有目标、没有计划，就会像漫步在街头不知走向何处的人，是对学习时光的极大浪费。

学习不能凭借随意性来支配自己的行为，这会对学习效果大打折扣。依靠理性、计划来支配自己的学习行为，才能起到约束、警醒自己的作用。

但是，每个人的学习情况和学习特点又不一样，比如有的人记忆力强，学过的知识不易忘记；有的人理解力好，老师讲一遍就能听懂；有的人想象力丰富，善于在图形变换中找出规律……你属于哪种类型呢？只有针对自己的特点制订学习计划，它才能成为你进步的好帮手。

我要问 边学边问，学得更快

老师说得很对。学习离不开合理的计划，"凡事豫则立，不豫则废"，科学的计划既能减少时间的浪费，又能提高学习效率。那该怎么制订有效计划呢？

1.学习计划要突出重点

　　一天有24小时，每天用来学习的时间是有限的，但我们的学习内容却是无限的，所以学习计划要突出重点，在重点学科和自己学习较弱的学科上多花些时间。

2.学会把时间分段

　　我们可以把除正常上课外的时间分为早晨起床后、下午放学后和晚上睡前三个完整的时间段，以半小时或一小时为一个时间

时间段	具体时间	学习任务
早晨起床后	6：30-7：00	背20个英语单词
下午放学后	17：00-17：30	完成作业
	17：30-17：50	休息
	17：50-18：20	完成作业
	18：20-19：00	吃晚饭，休息
晚上睡前	19：00-19：30	做10道计算题、5道应用题
	19：30-19：50	休息，自由活动
	19：50-20：20	复习当天学习的内容，预习第二天要学习的内容
	20：20-20：40	休息，自由活动
	20：40-21：10	阅读语文15分钟、英语15分钟
	21：10后	洗漱，睡觉

段，一个时间段内只完成一项学习任务，中间可以加入休息时间，既能让我们的大脑得到放松，又不会觉得太累，容易坚持下去。

3.计划要灵活

学习计划不要太死板，要有一定的灵活变通性，每天晚上或每周末复盘时，如果感觉某些地方不合理，要及时调整，这样才能高效地完成学习计划。

 **小·总结** 今天我们学到了……

学习要有计划，但不要陷入"无效计划"的陷阱。

学习计划要根据自己的实际学习情况来制订。

合理安排计划的时间，做到劳逸结合。

2. 阅读有方法，
学习更高效

以前，我总觉得谁看的书多谁就厉害。所以我拼命地看书，一本接着一本，却很少去真正理解书中的内容。

有一次，班级举行读书分享会。同学们纷纷上台分享自己读过的书以及从书中获得的知识。我发现有的同学虽然看的书不是特别多，但是他对每一本书都理解得很深刻，能把书中的知识运用到实际生活中。而我呢，虽然看了很多书，上台分享的时候，我却支支吾吾说不出来。

那一刻，我才明白，阅读不是比谁看的书多，而是看谁能通过阅读掌握相应的知识。从那以后，我开始学习阅读的方法。慢慢地，我发现自己的学习变得高效了。

老师讲 你眼中的学习是什么样的？

什么是无效阅读？如果你看了很多书，书中的内容却总是难以记住，当别人询问你的看法时，你的大脑更是一片空白，这样的阅读就是无效阅读。

拿到一本书，如果只是随便翻了几页、看了几眼，那不是真正的阅读。阅读也不是把所有的书都拿来认认真真地进行钻研。书有千千万，时间却很有限，所以读书需要讲究方法。这里讲的阅读，是指针对一些课外书的阅读，课外书对积累词语、拓展知识和提升写作都有积极的意义，阅读这类书当然也要讲究合适的方法，这样我们的阅读才会更加高效。

我要问 边学边问，学得更快

老师，我明白了。阅读不是比谁看的书多，而是看谁能通过阅读掌握相应的知识。阅读有方法，学习才能更高效。那么，我们如何才能掌握科学的阅读方法呢？

学霸说 这样做，早晚爱上学习

1.选择合适的阅读方式

拿到一本书先不要急着一字不落地去读，应通过书中的一些内容去判断是否值得花很多时间去精读，如：

看书名	通过书名初步了解相关内容
看作者	大概了解作者的写作风格及写作背景
看序言或推荐文字	了解书的类型及宗旨
看目录	了解书的框架及大概内容
看插图	插图很关键，尤其是绘本类图书

通过总体了解，如果确定一本书的思想内容深刻、感情细腻或浑厚，作者文风充满个性，而且书的插图十分精美，书本身也是值得细细研读的类型，那就可以精读；如果不符合以上条件，那只要通过略读进行初步的了解就可以了。

2.精读的方式

通常来说，精读一本书需要做到以下几点：弄清楚书的整体结构和内容；详细了解作者的观点有哪

些，哪些观点是正确的，哪些观点是不正确的；确定书中的哪些知识可以为我们所用；清楚书中有哪些好词好句，并摘抄下来；用自己的语言梳理全书的框架和内容；形成自己的理解和感悟。

3.叙述和总结

将知道的内容尽可能地叙述出来。当然，在叙述时不要看书。

小·总结 今天我们学到了……

读书的目的不仅仅是读完一本书，而是要通过阅读，思考如何把书中的内容运用到学习和生活当中。

无论是略读还是精读，对于了解一本书，或是一篇文章都十分有用。

3. 把难学的知识和事物联系起来

今天，妈妈教我认识几何图形。那些图形的概念让我觉得很头疼，怎么都记不住。

妈妈笑着说："你可以把这些难学的知识和你熟悉的事物联系起来呀。"我疑惑了，该如何联系呢？

我听了妈妈的话，开始尝试。我把三角形想象成三明治，三条边就像三明治的三个边。把圆形想象成我最喜欢的足球，圆圆的，没有棱角。通过这样的方式，那些难学的几何图形一下子变得生动起来。我很快就记住了它们的特点和性质。

从那以后，每当遇到难学的知识，我就会想办法把它们和熟悉的事物联系起来。学习变得轻松多了。

为什么同样的时间,有些同学做得又快又好,一切都安排得井井有条;而有些同学则又忙又乱,最后还有很多事情没做好?因为他们不懂得把时间管理和实践生活紧密结合。

为什么有些同学学东西很快,还乐在其中;而有些同学不仅学得慢,还经常处在崩溃的边缘?因为他们不知道如何把枯燥的知识和熟悉的事物相结合。

学习要掌握事物之间的关联性,要想办法把难学的知识与熟悉的事物联系起来,只有这样,才能提高学习效率。

老师,您说得很有道理。可是,当一本书太难啃,一个知识点很难搞懂时,我该怎样面对呢?是放弃还是强迫自己去学?

学霸说　这样做，早晚爱上学习

1.从兴趣入手制定读书目标

　　不要强制自己带着消极的情绪去学习，因为这样学了也是白学。可以换一种思路，从兴趣入手，把不喜欢的知识变成自己想要迫切掌握的知识。分析自己喜欢的事情或东西需要哪些知识来实现。比如：探索宇宙与数学和物理知识息息相关，很多先进的科学资料也需要学好英语才能看明白；要想真正地看懂科幻小说和纪录片，也要有较高的理解力，这需要强大的语文学习能力。在兴趣的基础上制定学习目标，并在完成一定的学习任务后，奖励自己可以去做感兴趣的事，这样就可以在收获知识的同时，也能收获到很多的乐趣。

2.利用联想的方式记忆知识

　　对于生活中一些有趣的事情，我们学起来会感到轻松，而对于很多需要记忆的知识，常常会感到困难重重。

为此，可以充分利用联想的方式去记忆知识。如：

联想顺口溜
去记忆

泡 炮 跑

抱 饱 胞

刨 苞 袍

有水冒气泡，有火放鞭炮；

有足才能跑，有手来拥抱；

有食能吃饱，有月是同胞；

有刀把木刨，有草开花苞，

有衣上身是衣袍。

小·总结　　今天我们学到了……

兴趣是最好的老师，学不进去时，与其强迫自己苦学，不如寻找学习的乐趣快乐地学。

学习本来就不是孤立的，是可以触类旁通、灵活运用的，生活中熟悉的有趣的事物、学习过程中熟悉的方法，都可以用到学习新知识上。

4. 有疑就问，
没有问不会的知识

我性格内向，每次遇到难题的时候，总是不敢去问老师和同学，怕他们觉得我笨。

一次，上语文课，老师讲了一首古诗。其中有一句诗我怎么也不理解它的意思。我心里很纠结，不知道该不该去问老师。最后，我还是鼓起勇气举起了手。老师看到我举手，微笑着让我提问。我把自己的疑惑说了出来，老师耐心地给我讲解了这句诗的意思。听了老师的讲解，我恍然大悟。

从那以后，每当我遇到不懂的问题时，我都会勇敢地去问老师和同学。他们也很乐意帮助我，我的学习进步得很快。我知道了，在学习的道路上，不要害怕提问，只有不断地提问，才能不断地进步。

老师讲 　你眼中的学习是什么样的？

　　有疑就问是一种积极主动的学习态度。首先，有疑就问可以及时纠正错误的理解和认识，避免在学习过程中积累错误的知识。其次，通过不断的提问和探究，我们可以更深入地了解知识，提高自己的学习能力和水平。

　　此外，有疑就问还可以培养思维能力和创造力。在提问的过程中，需要不断地思考和分析，从而激发思维潜能和创造力。通过不断的提问和探究，可以发现问题的本质和规律，从而更好地理解和掌握知识。

我要问 　边学边问，学得更快

　　我不爱问问题，是因为觉得自己的问不重要或者不值得问，而且，我害怕自己的问题太幼稚，被同学嘲笑、被老师批评，所以选择了沉默。听老师讲完，我意识到应该克服自己的顾虑和恐惧，勇于提出问题。那么具体该怎么问呢？

1.选择问题的形式

根据自己的情况选择合理的提问方式。如果对于某些知识点不理解，一般都需要进行开放式提问，比如，你可以帮我具体讲述一下这篇课文的写作特点吗？对于自己不确定的问题，可以选择封闭式问题，这类问题一般提问对象只需要回答"是"或"否"，这样可以节省时间。比如，这篇课文的中心思想是第一自然段的第一句话吗？

2.提问要简明扼要

确保提问对象能够清晰地知道我们的疑问，这样既能保证提问对象给我们讲出重点，又可以节省彼此的时间。

3.重复确认

对于不确定的问题要重复确认，确保自己的问题没有歧义和误解，让他人能够准确回答。对于没有理解的问题应该进行追问，以确保自己能够得到清晰的答案并理解。

小·总结 今天我们学到了……

遇到问题就主动提问，没有问不会的知识。

根据情境选择开放式问题或封闭式问题。

回答别人的问题本身是一种快乐，所以积极地提问吧！

5. 把兴趣当老师，就不会厌学了

我们班组织了一场超级有趣的游戏——知识大冒险。老师把我们分成几个小组，每个小组要通过回答各种问题来闯关。

第一关是语文题，问到一首古诗的下一句。这可难住了我，因为我平时根本没好好背。正当我急得像热锅上的蚂蚁时，我们组的学霸一下子就答出来了。

后来到了科学题，问题是为什么天空是蓝色的。这我可知道，因为我平时最喜欢看科普书了。我赶紧抢答，我们小组成功闯过这一关。那一刻，我突然觉得学习也没那么讨厌。

从那以后，我开始把兴趣当老师。现在，学习对我来说就像好玩的游戏，我再也不厌学了。

老师讲　你眼中的学习是什么样的?

同样一本书，有人觉得太费脑，有人则觉得思考的过程充满了成就感，原因就在于是否对书里面的内容感兴趣。学习不是一蹴而就，需要长期坚持。而兴趣是最好的老师，培养学习兴趣，不仅有助于增强自信心和意志力，而且还能充分享受学习带来的种种乐趣。

我要问　边学边问，学得更快

老师说得很有道理。当把兴趣作为老师时，学习会变得更加主动和充满乐趣，因为是在追求自己热爱的事物，而不是被动地接受知识，这样可以在很大程度上避免厌学情绪的产生。那么，如何培养自己的兴趣呢?

学霸说　这样做，早晚爱上学习

1.投入时间和精力

　　一件事情，投入的时间和精力越多，对这件事的了解就越深入，那么学习兴趣就会越高，也就会主动投入更多的时间和精力，这是一个良性的循环过程。平时多投入时间和精力在学习上面，少关注对学习产生不良影响的事物，就会不知不觉地进入良性循环状态里。

多去做的事	少去做的事
早起时多听英文，多看新闻	少听八卦和小道消息
上课时边听课边记笔记	少做小动作和开小差
放学路上多聊课堂内容	少聊游戏和八卦
写作业时多复习、多做题	少看电视，不磨蹭
晚上睡觉前多看书	少看手机

2.用益智类游戏培养兴趣

　　如果暂时不想看书、整理笔记、做题，周围也没有人和你一起讨论学习问题，这时可以和家里人或小伙伴一起玩一些益智类游戏，边玩边动脑子，玩中学、学中玩。如果你不知道玩什么，那试试这几种游戏吧！

成语接龙	平时积累的成语越多，就越有趣，如果总是输，不如赶快拿起成语词典背一背。
你说我猜	观察事物、描述事物细节以及语言表达能力都会提高。
数独游戏	可以一个人玩，也可以和小伙伴比赛，看谁完成一个游戏用时最少，锻炼数学逻辑推理能力。

小·总结　今天我们学到了……

如果不能够享受到学习的乐趣，就会把学习当成一件苦差事。

如果对学习感兴趣，即使再辛苦也会苦中作乐。

学习兴趣要培养，学习过程要自制，兴趣和自我约束双管齐下，学习就不再是难事。

第三章

善用学习工具,学习"苦差" 变游戏

1. 西蒙学习法，治愈"学习恐惧症"

学习对我来说真的太痛苦了。

每天一大早，我就要背着沉重的书包去学校，一到教室，就看到堆积如山的课本和作业。上课的时候，老师讲的知识有时候很难懂，我得拼命集中注意力才能跟上。下课后，本想休息一下，可作业又多得让人喘不过气来。

回到家，还没来得及吃点东西，就得坐在书桌前开始写作业。那些数学题总是让我绞尽脑汁也做不出来，语文课文背了一遍又一遍还是记不住。有时候作业写到很晚，眼睛都快睁不开了，可还有好多没完成。

学习真的是一件让人恐惧又无比痛苦的事情啊！

老师讲 你眼中的学习是什么样的？

面对浩如烟海的知识，何不勇敢地面对？西蒙学习法可以帮助我们攻克很多学科，尤其是在寒暑假这种大段的时间，是利用西蒙学习法提高弱科的绝佳机会。通过西蒙学习法，你可以不断建立自信与成就感，渐渐地，就会爱上学习。

我要问 边学边问，学得更快

很多同学像我一样，对学习没有兴趣，学习时也没有动力，甚至感觉学习很痛苦。究竟是什么原因造成的呢？研究表明，当我们主动做一件事情时，往往热情高涨、干劲十足，而当我们被动做一件事情时就会出现反抗情绪。那么，如何利用西蒙学习法呢？

学霸说　这样做，早晚爱上学习

1.西蒙学习法四步骤

西蒙学习法，也称为"锥形学习法"，是由诺贝尔经济学奖得主希尔伯特·西蒙提出的一种学习策略。

西蒙学习法的核心在于"专注"和"重复"。它鼓励我们在固定的时间，专注于一个特定的学习目标，再通过重复练习，达到深入理解和长期记忆的效果。

①选择学习领域：选择想要攻克的科目，比如英语基础薄弱，成绩不佳，就可以设定英语为自己的学习领域。

②设定目标：可以设定用暑假40天的时间攻克英语，将成绩提高到90分以上。

③拆分学习内容：若想达到设立的目标，需要背500个单词、背10篇课文、做20套真题，把这些学习任务拆解。以半小时为单位，将这些任务均分，并且需要连续不断地攻克、记忆、练习。

④集中精力学习：为了完成目标，需要严格按照计划执行，并且投入大部分精力。

2.利用西蒙学习法复习

当我们面对期末复习无从下手时，就可以针对期末考试进行突击复习，将复习目标拆分成精细的小目标，增加学习时间，这样往往能够达到意想不到的效果。

小·总结　　今天我们学到了……

西蒙学习法可以在短时间内攻克一个方面。

利用西蒙学习法复习，可以提高效率。

西蒙学习法结合其他学习方法共同使用，效果更好。

2. SQ3R 读书法，做高效阅读的"小书虫"

在学习中，我常常采用死记硬背的方法，可这让我的学习效率变得很低。

上语文课时，老师要我们背诵古诗词。我反复地读呀读，往往花费了很长时间，还是背得磕磕绊绊。有时候好不容易背下来了，过不了多久又忘了。

学英语的时候也是这样。我死记硬背单词的拼写和中文意思，可一到用的时候就想不起来了。

数学也不例外。一些公式我也是靠死记硬背记住的，可真正做题的时候却不知道该如何运用。

死记硬背让我的学习变得好艰难，效率低得让我很苦恼。我多么希望能找到一种更有效的学习方法呀！

老师讲　你眼中的学习是什么样的？

　　找到合适的学习方法，比死记硬背效果要好得多。尤其是我们现在的学习时间都很紧，如果不提高效率就很容易掉队。我们学习的主要途径就是读书，所以读书的速度和效果就显得十分重要。而SQ3R读书法是一种高效阅读方法，让我们带着问题阅读，这样边学边思考，可以大大提升学习效率。

　　正确的学习方法，会让学习形成一套系统，这就好像冷兵器时代的战争，有坚固的防御城墙总是比一盘散沙的乌合之众更难攻破。当学习形成一套系统后，记忆就像坚固的城墙，不容易被攻破，更容易达到最佳的学习状态。

我要问　边学边问，学得更快

　　老师说得非常有道理。找到合适的学习方法确实至关重要，SQ3R读书法听起来很有效。但具体该如何运用这种方法呢？怎样才能让自己真正带着问题去阅读，从而提升学习效率呢？

学霸说 这样做，早晚爱上学习

SQ3R是英语Survey、Question、Read、Recite、Review五个词的第一个字母，分别代表"浏览、提问、阅读、背诵、复习"五个学习阶段。

1.浏览（Survey）

先对书进行快速的浏览，对书里面的内容有个大致的了解，把握书的标题、文章结构、观点句以及关键字，从而对全书有一个大体的了解。

2.提问（Question）

在浏览的基础上提出问题，自问自答，比如"在看完这一章后，我学到了什么""作者想在这里表达什么观点"等，让自己更好地把握重点，同时也能激发学习兴趣。

3.阅读（Read）

进行仔细的阅读，在浏览和提问的基础上把握重点、疑点，往定好的知识框架里面填充具体的内容。阅读时要注重理解意思，不要咬文嚼字。

4.复述（Recite）

合上书本，用自己的语言复述刚才读的内容，语言尽量简洁完整，有卡顿或是不会的查阅相关资料解答。

5.复习（Reviwe）

学习完知识后应定期复习，避免遗忘，直至该知识被记住并且可以熟练应用。

小·总结 今天我们学到了……

SQ3R读书法是较早出现的学习方法，是经过无数人验证的经典学习方法。

SQ3R读书法更适合用在为了养成良好的阅读习惯时使用，休息是学习的一部分，重视休息才能高效学习。

3. 斯科特·扬学习法，"学神"的秘诀

　　我就是大家眼中的差等生。在学习的道路上，我一直磕磕绊绊，怎么也学不好。

　　期末考试来临了。我紧张得手心直冒汗，打起了喷嚏，心脏也怦怦乱跳，就像要跳出嗓子眼儿。看着试卷上那些密密麻麻的题目，我努力回忆着学过的知识，可大脑就像一台生锈的机器，怎么也转不起来。时间一分一秒地过去，我的额头上冒出了细密的汗珠。最后，考试结束的铃声响起，我只能无奈地交上了那份满是空白和不确定的试卷。

　　成绩出来的那一天，我看着那惨不忍睹的分数，伤心极了。为什么别人都能轻松学会，而我却这么吃力？

老师讲 你眼中的学习是什么样的？

"每天忙忙碌碌就是没有成效！"

"坐在书桌前就很痛苦，找不到学习的乐趣。"

你是不是也有这种情况？这是因为你还没有找到学习的窍门。这里推荐一种高效的学习法——斯科特·扬学习法。提出这种理论的斯科特·扬是一个超强的学习达人，他仅用少量时间，却比别人多学习了成倍的知识。他10天学完线性代数，一年内去4个国家，同时学习了4门外语。你可以借鉴这种方法，再结合自身的情况，通过实践摸索出适合自己的学习流程，那么就可以高效学习，自然也不会对学习产生厌烦了。

我要问 边学边问，学得更快

老师，斯科特·扬学习法具体是怎么做的呢？有没有什么特别需要注意的地方？我真的很想改变现在学习没成效又痛苦的状态，找到学习的乐趣和窍门。

斯科特·扬学习法把学习清晰地分成五个步骤，即获取、理解、拓展、纠错、应用。

1.获取

可以通过阅读课本、听老师讲课、查阅课外书籍等方式获取学习素材。

2.理解

理解是要弄清楚所获取的信息的含义和内在逻辑。比如，你可以通过分析句子的成分来理解句子的含义；通过阅读故事，理解故事的情节发展和人物形象。

这回考试，我一定要考好！

3.拓展

可以通过联想、类比、归纳等方式进行拓展。比如，学习一个新词时，可以联想到它的近义词、反义词等。

4.纠错

在学习时，容易出现拼写错误、语法错误等问题。通过自我检查、老师批改等方式，可以及时发现并纠正这些错误。

5.应用

应用阶段是将所学知识运用到实际生活中，检验学习效果。

 小·总结　今天我们学到了……

斯科特·扬学习法是一套完整的学习系统，可以提高学习效率，建立良好的学习习惯。

快速获取知识和及时纠错是斯科特·扬学习法的重点。

4. 5R 笔记法，优秀有"记"可循

以前总觉得记笔记是件麻烦事，可后来发生的一件事让我彻底改变了想法。

有一次上语文课，老师讲了一篇特别精彩的课文。我一开始没怎么认真听，等老师讲完了，我才发现自己啥也没记住。而我的同桌呢，一直在认真地记笔记，本子上写得满满当当的。

过了几天，老师突然要进行课文内容的小测验。我一下子慌了神，脑袋里一片空白，根本不知道从哪里开始答题。而我的同桌却不慌不忙，他看着自己的笔记本，很轻松地就把答案写了出来。

测验结果出来后，同桌的成绩非常好，而我却考得一塌糊涂。我心里特别失落，那一刻才知道，记笔记这么重要。

老师讲 你眼中的学习是什么样的？

很多同学对记笔记不是很重视，或者知道记笔记的重要性，却难以保持这个习惯。笔记是学习的重要资料，方便你在课后进行复习。由于课堂时间有限，老师讲解的内容你可能无法在短时间内完全消化。有了笔记，你可以在课后随时查阅，回顾重点和难点知识，查漏补缺。在考试前，笔记可以帮助你系统地复习所学的内容，提高复习效率。

我要问 边学边问，学得更快

老师，您说得没错。学习离不开记笔记，上课要有课堂笔记，读书要有读书笔记，错题还要有错题笔记。可见，笔记是学习过程中必要的工具。那么，记笔记有没有什么诀窍？我们该如何记笔记呢？

1.5R笔记法

5R笔记法是一种有效的笔记方法，尤其适合小学生培养良好的学习习惯和提高学习效率。5R分别代表着：

Record，记录：在右边的"主栏"记录课程主讲内容。

Reduce，简化：以关键词关键句的形式写在左边的"副栏"。

Recite，背诵：通过一定的记忆工作，完成对课堂所学知识的复盘和巩固。

5R 笔记法	
简化 (Reduce) 背诵 (Recite)	记录 (Record)
总结	思考 (Reflect)　复习 (Review)

Reflect，思考：把自己上课的听课随感和复习笔记时遇到的困难和问题写在页面下方的"总结区"。

Review，复习：根据自己的情况，每次10~15分钟复习笔记。

2.给它点颜色

选择四种不同颜色的笔，如红、蓝、绿、黑，根据自己的喜好和习惯进行选择。根据需要记录的信息内容，将其分成不同的主题或类别，每个主题或类别可以用一种颜色的笔进行标记。如：黑色的用来学习不需要记忆的内容，红色用来纠正错误题目，蓝色用来标记没有掌握的需要记忆的知识点，绿色用来写目前存在的问题和解决方法。这样很容易找到重点，并且能加深记忆。

黑	红	蓝	绿
1.不需要记忆 2.不重要	1.易错 2.重点	未掌握	1.存在的问题 2.解决方法

小总结　今天我们学到了……

记笔记是为了加深理解记忆和回顾复习。

5R笔记法可以帮助我们更高效、高质量地记笔记。

记笔记不是一次性的任务，需要整理、思考、复习等步骤。

5. 用思维导图解锁学习密码

爸爸给我介绍了一种神奇的学习工具——思维导图。爸爸说它可以让学习变得轻松高效。

我开始尝试用思维导图来学习。我先选择了一篇课文，然后把课文的主题写在中心位置，接着围绕主题画出分支，分别写上课文的主要内容、人物、情节等。在画分支的过程中，我发现自己对课文的理解更加深刻了。

用思维导图学习数学也非常棒。我把一个数学知识点作为中心，然后画出分支，分别写上概念、公式、例题等。这样一来，数学知识变得一目了然，我也更容易记住了。

自从学会了用思维导图，我的学习变得有条理多了。

老师讲 你眼中的学习是什么样的？

"知识点倒是掌握了，但是再复习的时候还是联系不起来。"

"很认真地学习，但有时候还是无法把知识串联起来。"

是不是你也这样？明明付出了很多努力，成绩仍然很难得到提高。这个问题的关键，在于不能把所学的知识进行系统性的应用，甚至出现了断点。这时，如果我们寻找一个关键词，再把这个关键词进行联想拓展，把与它有关的知识点、案例、公式、定义全部罗列出来，再通过思维导图的方式将它们整合，就形成了相应的知识系统。你以后再遇到这类题型时，就会很容易调动出曾经的知识系统，从而轻松解题。

我要问 边学边问，学得更快

老师，制作思维导图的步骤是怎样的？怎样才能让思维导图更清晰、更有助于我们记忆和掌握知识呢？

谢谢老师夸奖！

不错，用思维导图串联知识点，你做得很好。

制作思维导图可以帮助我们更好地理解和记忆知识。以下是思维导图的制作步骤：

1.确定中心词

围绕某个知识点展开，这个知识点就是中心词。中心词可以是一篇文章的题目，也可以是一个数学题的知识点，或者是一本书的书名。

2.发散中心词

确定了中心词，就等于给思维导图确定了范围，然后把这个中心词涉及的所有知识点都罗列出来。比如中心词是形状，那就可以发散为圆形、正方形、长方形、三角形等。

3.完善中心词

当我们发散中心词后，需要对发散好的中心词进行二次发散或者三次、四次发散。如圆形公式、定义、应用、例题等。

4.美化思维导图

初步的思维导图完成后，为了更加美观和直观，还需要根据自己的习惯进行美化，这样一个思维导图就完成了。

5.经常复习完善

随着我们的学习，可能会有新的知识进入中心词范围，这时就需要补充完善。这样不仅可以完善知识系统，还能加深记忆。

小·总结　　今天我们学到了……

思维导图是高效好用的学习方法和工具。

思维导图可以系统地处理学过的知识。

思维导图有误区，完全照抄、单一罗列、涂鸦式都不可取。

第四章

不怕输在起跑线上，就怕输在时间管理上

1. 聚沙成塔，成为"时间的富翁"

以前的我，完全不懂得利用碎片时间。

有一天，我看到哥哥在等公交车的时候，拿着一本英语书认真地看着，嘴里还念念有词。我好奇地问他在干什么，哥哥笑着说："这是在利用碎片时间学习呀，等车的几分钟也可以记几个单词呢。"

从那以后，我开始向哥哥学习。上学路上背单词、回忆课文，课间预习复习，等车时也拿出书来看。我的学习效率提高了很多，不再觉得时间不够用了。我终于明白，碎片时间很宝贵，就像散落在地上的珍珠，只要我们懂得珍惜和利用，就能为我们的学习和生活增添光彩。

老师讲 你眼中的学习是什么样的？

"我有很多想做的事情，但是没有时间。"

"现在什么事都做不了，还有10分钟就开饭了。"

你是不是也经常说这样的话。要知道，当你在抱怨没有时间时，一部分人却利用这些碎片时间来提升自己了。日复一日，年复一年，人与人的差距就这样拉开了。

不要小瞧生命中每一个不起眼的5分钟、10分钟。这些时间看起来很短，却能够做很多事情：写一篇日记，回顾新学的知识点，做一组眼保健操，看一篇英语短文，做一道数学大题……长久地坚持下去，你的人生将大不一样。

我要问 边学边问，学得更快

其实我们一天里有很多零碎的时间，可是我们却不懂得怎么利用起来。具体该怎么做，才能利用好碎片时间呢？

 **学霸说** 这样做，早晚爱上学习

1.制作"碎片时间管理表"

根据自己的情况，列出每天的碎片时间，然后制订合理的学习计划。

碎片时间管理表							
零碎时间 🕐	早起时间 🛏️	乘车时间 🚌	等待时间 ☕	下课时间 🐷	午饭后 🍚	晚饭前 🍲	睡觉前 💤
星期一							
星期二							
星期三							
星期四							
星期五							
星期六							
星期日							

2.制作"碎片时间箱"

准备一个小箱子，在外面贴上"碎片时间箱"，放上你想要阅读的书籍，可以是历史漫画书，也可以是作文选，还可以是散文集，建议不超过3本。箱子可以放在洗漱台、床头柜上或沙发旁。

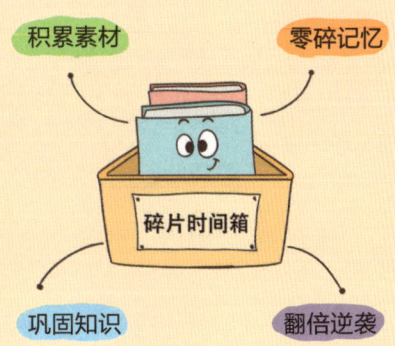

积累素材　零碎记忆

碎片时间箱

巩固知识　翻倍逆袭

3.悬挂知识挂图

可以在家里的墙上、镜子上，贴上带有语文诗词、地理地名、英语单词、数学公式、历史事件的挂画，方便随时学习、记忆。

小·总结 今天我们学到了……

不要准备好再学习，从小任务开始让自己运转起来。

拉开人与人差距的，是碎片时间的使用。

用好碎片时间，每天至少多出1小时。

我是一名小学生，拖拉、磨蹭的毛病一直困扰着我。

每天早上，闹钟响了好几遍，我才懒洋洋地从床上爬起来。穿衣服的时候，我总是不紧不慢，一会儿摆弄一下衣角，一会儿看看窗外。等我洗漱完毕，已经过去了好久。

吃早餐的时候，我也是慢慢吞吞，一边吃一边发呆。妈妈在旁边不停地催促我，可我却好像没听见一样。

在学校里，我也很磨蹭，尤其是和同学一起活动的时候。每次课间休息，大家约好一起去操场玩，可我总是在教室里慢悠悠地找东西，让同学焦急地等待我。渐渐地，同学都不愿意和我一起玩了。

拖拉、磨蹭让我吃了不少苦头，可我总是改不了这个坏毛病。我真不知道该怎么办才好。

老师讲 你眼中的学习是什么样的？

十个同学九个磨蹭，磨蹭是同学们身上常见的行为，尤其在学习当中，更是能磨蹭就磨蹭、能拖拉则拖拉，非要等到最后时刻实在拖拉、磨蹭不下去了，才匆匆忙忙地学习、写作业，结果由于缺乏充分的思考时间，作业常常写得乱七八糟，学习成绩也难以提升。

这是一个非常不好的学习习惯，不但会浪费很多宝贵的时间，学习效率也不高。真正的学霸，在学习时是很少拖拉、磨蹭的。如果你也想加入学霸的行列，就要先摘下自己"拖拉""磨蹭"的帽子。

我要问 边学边问，学得更快

我也有拖拉、磨蹭的毛病，做事总是不着急，或者觉得作业很快就能写完，没必要提前写……这些让我越来越不珍惜时间。老师，我知道这样很不好，那么我该如何才能改掉学习时拖拉、磨蹭的坏习惯呢？

学霸说 ▶ 这样做，早晚爱上学习

⚑ 1.给事件分类

有些同学在学习期间经常做一些其他的事，如喝水、吃东西、玩游戏、看电视等。为了不让这些事干扰学习，可以制作一个表格，把学习期间必须要做的事和自己想做的事区分开来。

必须要做的事	想做的事
1.准备文具、课本、本子	1.吃点零食
2.桌上放一杯水或一杯果汁	2.玩一会儿游戏
3.放好工具书	3.给某个同学打电话聊会儿天
4.……	4.……

⚑ 2.剔除影响学习的事情

列出学习期间必须要做的事和并非必须、但自己想做的事情后，再尽量将那些并非必须、但自己想做的事情从学习时间中剔除，等到学习任务完成后再去做。

3.制作具体的学习时间表

为了避免学习时走神，可以把学习时间分成几段，每段25分钟或30分钟，中间留出休息时间。这样就不会感到学习很累，又能在休息期间做一些自己想做的事。

 **小·总结** 今天我们学到了……

要想提高学习效率，就要远离拖拉、磨蹭等习惯。

善于规划自己的学习时间，安排好学习任务。

制作的学习时间表要切实可行。

3. 别让"卡点"偷走时间

我有个很不好的习惯——做事爱卡点。

有一次上学，眼看就要迟到了，我才手忙脚乱地收拾书包，然后飞奔出门。当我踩着上课铃声冲进教室时，老师已经站在讲台上了，同学们的目光齐刷刷地看向我，那一瞬间，我尴尬极了。

还有一次，学校组织活动，要求大家提前到操场集合。我却不慌不忙，总觉得时间还很充裕。等我慢悠悠地晃到操场时，大家都已经站好队了，我只能灰溜溜地插进队伍里，又惹来老师不满的目光。

做事爱卡点让我总是处于紧张和慌乱之中，可我却总是改不了这个坏毛病。

都7：30了，赶紧起床吧！

　　7：59和8：01，都是接近8点钟，两个时间点仅差2分钟。但是在很多同学眼中，这两个时间可能相差的是"1个小时"，这就是卡点综合征。做什么事情都喜欢卡点，其实是拖延的一种习惯。殊不知，这个习惯会白白浪费很多宝贵的时间。如果习惯了这样，对学习和以后的发展肯定会产生不良影响。

我要问 边学边问，学得更快

　　就在这些卡点过程中，时间被白白错过了，真的是太可惜了。那么，如何治好卡点综合征呢?

学霸说　这样做，早晚爱上学习

1.确定事情的优先顺序

按照轻重缓急，对事情或学习任务进行归类，如紧急且重要、紧急而不重要等。

2.遇事先开始做

想要完成一件事情时，就立刻行动，不给自己"卡点"的机会。只要行动了，不管做什么都是进步。

3.利用番茄工作法管理时间

番茄工作法就是学习一会儿，休息一会儿。一般一个番茄时间为25分钟，在一个番茄时间内，关闭手机、电视等可能干扰你的因素，创造一个安静的学习环境，然后全身心投入到当前的学习任务中，不做任何与该任务无关的事情。

通过使用番茄工作法，可以帮助我们提高专注力，减少拖拉、磨蹭，提高学习效率。

每完成一个番茄时间，进行5分钟的短暂休息，可以起身活动一下身体、喝杯水、唱唱歌、看看窗外等，放松身心。

 **小·总结** 今天我们学到了……

"卡点"做事的习惯会偷走大量的时间，要远离这种行为。

想做就去做，不要拖延。

给自己的学习任务按重要程度归类，先完成重要且紧急的任务。

4. 再见了，电子游戏

　　一直以来，我都不懂得珍惜时间。每天放学，一回到家，我就迫不及待地打开电子游戏，仿佛进入了一个全新的世界。在那个虚拟的世界里，我尽情地玩耍，完全忘记了时间的存在。妈妈看到我在玩游戏，总是会生气地责备我，但我却总是左耳进右耳出，根本没把她的话放在心上。有时还会背着她熬夜玩游戏，第二天起床一点精神都没有。

　　这天，老师因为我上课睡觉狠狠地批评了我。她还给我讲了一个故事。故事中的主人公不珍惜光阴，最后一事无成。那一刻，我突然意识到自己这样下去很危险。

　　那天回家，我决定和电子游戏说再见。我把游戏设备交给妈妈保管，并向她承诺以后不再沉迷游戏。

老师讲 你眼中的学习是什么样的？

　　说起电子游戏，大家肯定都不陌生，很多同学可能还是它的"疯狂粉丝"呢！

　　但是，长时间玩电子游戏，不但会导致视力下降，还会浪费大量的时间和金钱。尤其在级别高了以后，要升一级，就必须花不少时间；级别高了后，又很难放弃，只好投入更多的时间和精力去玩。就这样，宝贵的学习时间一点点地被电子游戏"吃"掉了，成绩也会直线下降。想要不被电子游戏浪费太多宝贵时间，就一定要远离电子游戏。

我要问 边学边问，学得更快

　　电子游戏确实好玩，在紧张的学习之余，适当玩玩，可以起到放松的作用。可如果沉迷电子游戏，就会浪费大量的时间，甚至还可能因此荒废了学业。那么，如何远离电子游戏呢？

1.做好时间规划

在学习之余，可以适当玩玩电子游戏，让自己放松一下，但一定要合理规划时间，并严格遵守，不能让电子游戏影响自己的正常生活和学习。

2.严格遵守制订的计划

不能只制订计划，却不去实施，这样计划就是一张废纸。

3.培养兴趣爱好

找其他有趣的活动来替代玩电子游戏，如阅读、绘画、书法、运动（跑步、篮球、足球等）、乐器演奏等。这些活动不仅能丰富生活，还能提升自己的技能和素养。

 小·总结 今天我们学到了……

电子游戏会浪费大量的学习时间，要尽量远离。

做好时间规划，逐渐脱离电子游戏的影响。

请家长帮忙监督，帮助自己与电子游戏说"再见"。

5. 20秒启动法，写作业不拖延

　　我放学一回到家，第一时间就是扔下书包，拿起电视遥控器，沉浸在精彩的电视节目里，完全把写作业的事忘在了九霄云外。不知不觉，时间悄悄流逝。突然，门开了，妈妈回来了。她看见我还在看电视，脸色一下子沉了下来。"作业写完了吗？就知道看电视！"我心虚地低下头，这才想起作业还一个字都没动。妈妈让我马上去写作业，我灰溜溜地走进房间。那一刻，我意识到自己拖延的毛病有多严重。可是，我虽然知道这样不好，却根本控制不住自己啊！

老师讲 你眼中的学习是什么样的？

"时间早着呢，一会儿再写作业！"

"家里来了客人导致没做完作业。"

"不想做作业，不做心里又始终惦记着，玩也玩不痛快。"

这些大概是很多同学的现状。其实很多同学不愿意写作业，总觉得还有时间，等到最后再去完成也不迟。可是等最后赶作业的时候，就会发现有很多问题，可能是家里突然有计划要出去，可能是突然感冒没办法写作业，等等。所以克服拖延的毛病至关重要。

我要问 边学边问，学得更快

老师，有没有什么方法能够帮助我们克服拖延，按时完成作业呢？

89

学霸说　这样做，早晚爱上学习

通过运用20秒启动法，你可以提高写作业的效率，养成良好的学习习惯。

1.准备阶段

在开始写作业前，花几分钟时间清理桌面，只留下与作业相关的物品，如课本、笔记本、笔等。这样可以减少干扰，让你更专注地开始写作业。

2.启动阶段

使用手机或定时器设置一个20秒的倒计时。在倒计时开始后，立即开始写作业。不要思考太多，只要倒计时一到就让自己开始行动起来。可以从打开作业本、拿起笔开始。

3.保持专注

一旦开始写作业，尽量保持专注。避免分心，不要去做其他事情，如玩手机、看电视或与他人聊天。如果有杂念出现，可以先将其记录下来，等完成当前任务后再处理。

4.奖励自己

在完成一个小任务后，给自己一个适当的奖励，如看一部喜欢的电影、玩一会儿游戏或者吃一顿美食。这可以增强你的成就感和自信心，为下一次写作业提供动力。

 **小·总结** 今天我们学到了……

20秒快速启动，解决拖延写作业的问题。

如果遇到难题，可以等完成其他部分的作业后，再回来解决难题。

在完成作业后，回顾整个过程，总结经验和教训。思考哪些方法有效，哪些地方需要改进。

第五章

成功来自勤奋，实力来自努力

1. 靠时间提高成绩 是笨努力

每天放学回家后，我就一头扎进书房，一坐就是好几个小时。我不停地做着各种作业，做完学校的作业，又做妈妈给我买的辅导资料。即使已经很困很累了，我也咬牙坚持着，觉得只要自己学习的时间够长，成绩就一定会提高。

有一次考试前，我更是拼命复习，几乎把所有的时间都用在了学习上。晚上睡得也很晚，早上又早早地起来背书。可是，当考试成绩出来的时候，我却大失所望。我的成绩并没有像我想象的那样有很大的提高，甚至有些科目还比以前更差了。

我很困惑，不明白为什么自己付出了这么多时间，成绩却没有提高呢？

老师讲 你眼中的学习是什么样的？

时间很宝贵，不能随意浪费，可是也不能把所有的时间都用在学习上面，因为无论是我们的身体还是精神都需要适度的休息，这样才能放松下来。如果身体和精神长期处于紧张状态，那么，反而会影响学习的效率和成绩。

同样的事情，有的人需要1个小时才能完成，而有的人却只需要20分钟就可以完成；有的人一整天都在忙前忙后，却做不出像样的成绩，而有的人看上去不慌不忙，却成绩显著……造成这种差别的原因有很多，但能否高效地管理时间，是众多原因中的一个。

我要问 边学边问，学得更快

和做其他事一样，好成绩并不是靠时间堆出来的，必要的休息和娱乐可以让身心得到有效的放松，反而有助于更好地投入学习。高效的方法和良好的习惯可以使我们充分利用时间，取得更好的成绩。那么，如何提高学习效率，完成学习任务呢？

学霸说　这样做，早晚爱上学习

1.一段时间专注地做一件事

很多时候，我们花费了大量的时间却没有取得好成绩，甚至每天忙得脚不沾地，最后却连一件像样的事都没干成。这的确令人沮丧。但是，你有没有想过，造成这种结果的原因是不是自己根本没有专注地做事？

一段时间只专注地做一件事，做完一件再做另一件，不要既想做这件事心里又惦记另一件事，最终哪件事也做不好。

2.确保一直在做最重要的事情

不要试图把所有的事情都做好，那些学习高手一定是懂得如何舍弃的人。比如，你面前放了一大堆书，你应该如何阅读？答案很简单，拿起你认为最重要的一本，认真阅读，读完了再拿下一本，而不是同时拿起十几本书，随意浏览，那样哪本都读不好。确保自己一直在做最重要的事情，实际上也就是确保了自己的时间一直在被高效地利用。

3.放弃超过能力范围的事

要学会放弃那些看起来很有价值，但是超过自己能力范围的事。比如，在考试时，遇到了一道难度极高的题目，这样的题目虽然值得挑战，如果把时间全耗在这道题上，那么后面的题可能答不好或答不完。去挑战这样的难题，不仅不会有结果，还会减分。因为这会使你没有时间去做对那些本来可以拿分的题目。

小·总结　今天我们学到了……

花费的时间与学习成绩并不成正比，学习效率才是影响学习成绩的重要因素。

无论做什么都专注地沉浸其中，专注力越高效果才会越好。

学习的时候就专注高效地学，休息娱乐的时候就轻松开心地玩，劳逸结合，才能形成良性循环。

2. 锻炼意志力，解决 3 分钟热度

　　我身边的人都说我是 3 分钟热度。有一次，我看到电视上有人弹吉他特别帅气，于是缠着爸爸妈妈给我买了一把吉他。刚开始的时候，我热情满满，每天放学回家就迫不及待地拿起吉他弹奏。可是，没过几天，我的热情就消退了，吉他被我扔在一边，再也不想碰了。

　　又有一次，我看到同学画的画特别漂亮，就让爸爸妈妈给我买了画具，开始学画画。刚开始，我画得可认真了，可是没坚持多久，我又不想画了。

　　我总是这样 3 分钟热度，做什么事情都不能坚持下去。

老师讲 　你眼中的学习是什么样的？

很多同学在学习和做事时经常是3分钟热度，坚持不了多久就放弃了，这其实就是意志力薄弱的表现。意志力对于学习和成长来说至关重要，只有具备强大的意志力，才能克服学习中遇到的困难和挫折，让自己变得越来越强大、越来越优秀。

我要问 　边学边问，学得更快

可别小看意志力！一个拥有坚强意志力的人，即使遇到再多的困难、有再多的不满情绪，也会坚持完成自己的学习和工作任务。而且，意志力强大的人会更自律，哪怕在学习上遇到困难，也能够正确面对，不会轻易放弃，最终收获成功。那么，我们该如何告别3分钟热度，锻炼意志力呢？

学霸说 这样做，早晚爱上学习

1.设置一个清晰的学习目标

　　一个清晰的目标可以成为学习动力，时刻激励我们用更积极的心态面对学习中的各种挑战和挫折。

我报名少儿艺术大赛了。

好棒！

你一定行！

2. 将大目标拆解为具体的小目标

　　与大目标相比，小目标往往更容易实现，也更容易让我们体会到成就感，并且不需要消耗太多的意志力。当我们达成一个小目标后，适当给自己一点奖励，也是对意志力的一种强化。

大目标

小目标2

小目标1

3. 给自己积极的心理暗示

遇到困难，想要放弃时，就告诉自己："我能行，我可以再坚持一下！""我很棒，能做到！"这种积极的心理暗示可以增强自信心，让我们产生继续坚持下去的动力。

小总结　　今天我们学到了……

要解决学习中的3分钟热度问题，就要提升自己的意志力。

通过设立合理目标，可以有效锻炼意志力。

通过做一些日常小事或自己喜欢的事，不断强化意志力。

3. 抗挫三步法，遇到困难不"罢工"

　　我和悦悦、琳琳是要好的朋友，我们都很热爱学习，平时经常在一起复习功课。一次数学考试，我考得很不理想，看到成绩的那一刻，我忍不住哭了起来。我觉得自己好失败，整天和悦悦、琳琳一起学习，可是我的成绩却在她们的后面。她们看到我的反应，觉得我太脆弱了。她们没有来安慰我，而是继续讨论着考试中的难题。我看着她们不重视我的感受，心里更加难过，对学习也产生了抵触情绪。

老师讲　你眼中的学习是什么样的？

学习过程中，遭遇挫折和困难是难免的事，即使是学霸，他们的学习过程也不可能永远一帆风顺。但是，当挫折和困难来临时，如何面对挫折、抵抗挫折，却很考验一个人的心态和自我管理能力。那些真正的学霸，即使在遭遇挫折时仍然可以保持积极的心态，并用恰当的方法对抗挫折，成就自我。

我要问　边学边问，学得更快

我是一个没有什么抗挫力的女孩。每次遇到一点小困难，就容易陷入沮丧和自我怀疑中。我真的很羡慕身边那些抗挫力强的同学，他们在面对困难和挫折时总是那么勇敢和坚强。那么，抗挫力是如何培养的呢？

学霸说　这样做，早晚爱上学习

1.正视挫折

挫折是生活中不可避免的一部分，每个人都会遇到各种困难和挑战。无论是在学习、工作还是生活中，挫折都是常态而非例外。

抗挫第一步，就是冷静下来，客观地分析导致挫折的原因。是自身能力不足？方法不对？还是外部环境的因素？通过分析原因，可以更好地找到解决问题的方向。

2.制定策略

根据挫折的情况，重新设定合理的目标。目标要具体、可衡量、可实现，并且有一定的挑战性。避免过高或过低的目标，以免再次陷入挫折或缺乏动力。

将解决方法转化为具体的行动计划。明确每个步骤都能有序进行。同时，要保持灵活性，根据实际情况及时调整行动计划。

3.持续行动

在执行行动计划的过程中，需要有坚定的毅力和耐心。遇到困难时不轻易放弃，坚持按照计划行动。要相信自己能够克服困难，取得成功。积极的心态可以激发我们的潜能，让我们更加勇敢地面对挑战。

小·总结　今天我们学到了……

挫折可以让我们更加了解自己的不足，促使我们不断进步和提升。

为自己设立目标时，目标要具体、清晰、明确，只有这样的目标才真正具有可行性。

定期反思行动的效果，总结经验教训。看看哪些方法有效，哪些需要改进。

4. 努力，让你拥有更多选择的权利

　　在上周的班干部竞选中，我本以为自己会得到很多同学的支持。之前班里有活动，我总是积极参与，和同学们的关系也不错，所以我对这次竞选充满了信心。然而，结果却大大出乎我的意料，我并没有被选上，反而是另一个同学赢得了大多数票数。看到竞选结果的那一刻，我感到非常失落，觉得自己的努力没有得到应有的回报。整整一天，我都心情低落，不明白为什么会这样，难道大家都看不到我的努力吗？

老师讲　你眼中的学习是什么样的？

　　竞选失败并不意味着你不优秀，因为每个人都有自己的长处和短处，竞选结果并不能完全反映你的价值和能力。通过不断努力和学习，你完全有可能在下一次机会中脱颖而出。

　　你觉得自己没有被选上是因为同学们都没看到你的努力，这是对他人的误解。真正赢得选票需要在各个方面展示出领导力、团队合作精神和与同学们的良好互动。大家更看重的是综合素质和对班级的贡献，可能其他同学在某些方面更符合大家的期望，所以才被选上。你应该通过这次经历反思自己的不足，找出可以改进的地方，然后用努力证明自己。

我要问　边学边问，学得更快

　　如何更好地向同学们展示我的努力，让大家看到我的价值呢？

学霸说　这样做，早晚爱上学习

1.分析别人的优点和自己的不足

　　仔细观察那些在竞选中获胜的同学的行为表现。比如，观察他们在小组讨论中是如何表达自己的观点、如何倾听他人意见的；在班级活动中是如何组织协调、调动大家积极性的。可以列出一个表格，左边写上获胜同学的优点，右边对应着写出自己在这方面的不足，以便更清晰地认识到差距所在。

2.有针对性地提升自己

　　努力提高自己的学习成绩，在学习上成为同学们的榜样；积极向老师和同学请教问题，也主动帮助有学习困难的同学，展现自己的上进心和乐于助人的品质；培养自己的特长和兴趣爱好，在班级活动中展示自己的才艺，增加自己的闪光点。这样一来，你也可以赢得同学们的认可。

3.保持乐观积极的心态

调整自己的心态，不要把一次失败看作对自己能力的全面否定。要相信自己通过努力一定能够得到同学们的认可。用行动来证明自己的价值，而不是仅仅期待别人的关注。试着每天给自己一些积极的心理暗示，以饱满的热情投入到学习和生活中。

小总结　今天我们学到了……

竞选结果受到多种因素的影响，未必完全取决于你的表现。

通过这次经历反思自己的不足，找出可以改进的地方。

不断努力和学习，你完全有可能在下一次机会中脱颖而出。

5. 思维懒惰
比行动懒惰更可怕

　　我是一个有点懒的小朋友。每当妈妈问我晚餐想吃什么时，我的第一反应就是："随便。" 我根本就不想动脑子去思考有哪些菜可以做，哪些家人会喜欢吃。

　　和小伙伴一起玩时也一样。比如我们共同玩拼图游戏。一开始我还挺积极地找拼图块，但遇到比较难拼的，我就不想再思考怎么把它放对位置了。我等着其他小伙伴去解决，自己在旁边干看着。最后，大家一起完成了拼图，可我却没有那种成就感，因为我在关键的时候思维偷懒了。

　　思维懒惰真的很不好，它让我失去了很多锻炼自己和获得乐趣的机会。可是我又不知道怎么纠正自己。

老师讲 　你眼中的学习是什么样的？

成功者善于找方法，失败者善于找借口。我们学到多少知识，往往取决于付出了多少努力，而不是天生的聪明程度。与行动的延迟或懒惰相比，思维上的懒惰才是学习道路上的最大敌人。因为行动的懒惰其根源还是思维的懒惰，许多不良习惯的养成和学习能力的不足，背后就是消极的思维在起作用。

所以，要想取得好成绩，就要从根本抓起，从思想的源头抓起。

我要问 　边学边问，学得更快

天上不会掉馅饼，要掉也只是陷阱，学习也一样，要想学到知识就不能被动地等，知识不会自己进入我们的头脑里，好成绩不会凭空落到我们的头上。要想学习好，就要克服思想上的消极，要勤奋积极，不要懒惰消极。那么，如何克服自己的思维懒惰呢？

学霸说 ▶ 这样做，早晚爱上学习

⚑ 1.想要学习，就立刻去做

想要学习就要立刻去做，不必找各种借口去拖延，如：马上整点了，等整点就去学；吃完饭或喝完水再去学；等妈妈回来再去学……也不要反复定目标、做计划，却一直不行动。只要不行动，就永远不会产生效果，记住这一点，马上动起来。

⚑ 2.不懂，就要想办法去弄懂

很多同学出于爱面子或单纯的犯懒，对于不懂的知识往往采取一种听之任之的态度，甚至不懂装懂。结果呢？不懂的东西一直不懂，与这些知识相关的一系列知识都没办法理解……最后学习越来越跟不上。

既然不懂，就要想办法把知识弄通、弄透，解决方法有很多，比如：认真看书、看笔记、向老师请教、向成绩好的同学请教等。

3.反思不良习惯

不良习惯主要有以下几种，可以对照一下。

不良习惯	应对方法
上课注意力不集中，思想总溜号	锻炼和提高专注力
东西乱拿乱放，学习的时候总是找不到相应的物品	把物品分类整理
写作业前不复习，导致做题效率低下	先复习再写作业
边做作业，边玩玩具或手机	整理书桌，消除干扰物再去写作业
平时不复习，考试前熬夜学	定期复习，考试前保持良好的学习节奏

小·总结 今天我们学到了……

没有人能随随便便就取得好成绩，要想成绩好，就必须放弃懒惰思想，必须一步一个脚印地坚持学习。

不会的就学，错了的就改，该做的就赶快去做，做过的要及时反思，这些可以有效地避免学习中的很多问题。

第六章

这些学习的"坑"，你跳过了吗

1. 偏科严重，只学自己感兴趣的

在学习中，我有一个很大的问题，那就是偏科严重。

我只对语文感兴趣，每次上语文课，我都特别兴奋。我喜欢阅读那些优美的文章，感受文字的魅力。写作文的时候，我也总是充满热情，用心地去构思每一个段落。语文课上的我，积极回答问题，认真听讲，仿佛整个人都沉浸在语文的世界里。

然而，一到数学和英语课，我就像变了一个人。数学的那些公式和计算让我觉得枯燥乏味，英语的单词和语法更是让我头疼不已。我总是提不起精神来学习这两门科目，上课的时候不是走神就是偷偷做别的事情。

因为偏科严重，我的总成绩一直不太理想。

也许有些同学觉得,只要把自己感兴趣的学科学好就可以了,如果别的科目都能拿高分,偏一科也不要紧;还有一些同学,出于其他原因而放弃了自己不喜欢的科目。无论出于何种原因,偏科问题都要及早纠正。可以从简单的内容开始学习,逐渐增加难度,让自己慢慢适应。不要因为偏科而对自己失去信心。相信自己通过努力可以提高该学科的成绩,积极面对学习中的困难和挑战。

我要问 边学边问,学得更快

老师,我明白了。偏科是很严重的问题,一定要及早改正,不然困难越积越多,问题越积越深,久而久之,想纠正就不容易了。那么,如何纠正偏科呢?

1.找到偏科原因，有的放矢

凡事有因才有果，有些同学不喜欢某些学科也是有原因的。找到原因才能找到根治的办法。通常偏科的原因有如下几种：

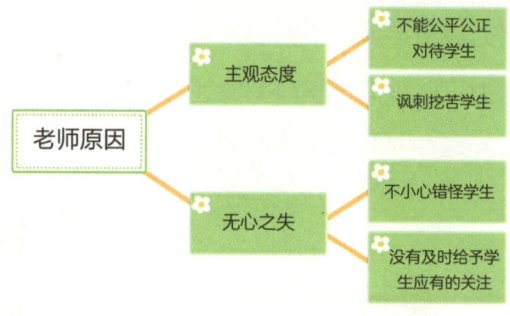

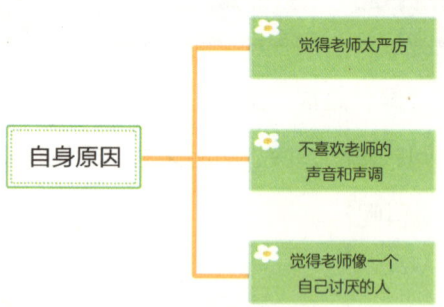

2.积极暗示，树立克服困难的信心·

如果是出于畏难心理才不想学，那就要努力地走出舒适区，打破消极的心理暗示，不断对自己进行积极的心理建设，这样才能树立克服困难的信心。可以借鉴如下方法：

①找些名人名言抄到自己成绩偏差科目的书皮和笔记本封面上，每次打开书或笔记本都会受到正面的激励。

②提前预习成绩较差的科目，这样在上课时就不会觉得太难，信心也会逐渐建立。

③不和别人横向比成绩，只和自己纵向比，只要自己每天都进步一点，就对自己进行正面奖励。

④别人说自己某科差时，不要太在意，只要你自己已经在努力变得更好就可以了。

小·总结　今天我们学到了……

无论出于任何原因，偏科带来的后果都是十分严重的，而且问题会越积越多，必须尽早解决。

要始终弄清楚一点，学习是为自己而学，千万不要因为别人的消极暗示或不当做法而影响自己的学业。

偏科问题要循序渐进地进行纠正，不可急于求成。

2. 只学皮毛，知识没有完全吃透

最近一次考试，我的成绩很不理想。回到家后，我把考试的情况告诉给了爸爸。爸爸拿起我的试卷看了看，然后指了指数学试卷上的一道错题。那是一道数学应用题，我在计算过程中出现了错误。爸爸说："这道题我带你温习过的，你会出错，说明你根本没有理解这个知识点。"

接着，他又拿出我的课本和笔记本，让我把一些知识点复述一遍。我磕磕绊绊地说着，才发现很多知识我只是有个模糊的印象，根本不能完整准确地表达出来。原来，我根本没有吃透知识。我羞愧地低下了头，下决心要改变学习方法，不再浅尝辄止。

老师讲 你眼中的学习是什么样的？

上课时我经常会问你们："会了吗？""懂了吗？""掌握了吗？"大家都是怎么回答的？我常常听到你们说出的肯定的回答，可实际上真的会了、懂了、掌握了吗？

学习要讲究落到实处，否则最终受到影响的还是自己。只是简单理解了知识点，忽略了对知识点的深层理解和掌握，就如同建造房屋打了一个不牢固的地基。在学习的初期，或许还能勉强应付一些简单的问题，但随着知识的不断深入，问题就会逐渐暴露出来。

我要问 边学边问，学得更快

老师经常强调"要吃透书本，把知识都理解透了很重要"，但是我们都没有真正理解这些话，也很难做到这一点。如何才能像老师说的那样，把知识理解透呢？

学霸说　　这样做，早晚爱上学习

1.需要背会的知识要落实到纸上

需要背会的知识，不要只用嘴去背，最好把它们默写出来，这样不仅记忆深刻，而且还可以避免会背不会写的情况。

容易混淆的知识，在纸上把知识之间的相同点、不同点一一列出，并总结出它们的本质区别。

背诵默写的同时，弄清楚要背诵内容的背景，并把老师强调的重点标出来。

2.需要掌握的知识要活学活用

要求掌握的知识不是会背会写就可以了，而是需要把每个知识点不断地总结、提炼、融合，最终在自己的头脑中形成一张完整的知识网，在做题时这张知识网中的每一个点都要能灵活运用。要想做到这些，平时需做到以下几点：

课本中的例题要反复咀嚼，这样才能吃透对知识点的考查。

新学的知识要通

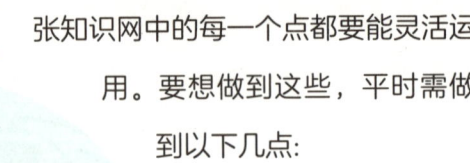

过不同途径多多使用，用得越熟练，知识的掌握程度就越高。

在实际做题时遇到困难可以向老师同学多请教，与别人一起讨论有助于消化吸收新知识。

把旧知识融会贯通，看看能不能发现新问题。善于发现问题的人，才更会解决问题。

小·总结 今天我们学到了……

"一听就懂""一做就错""一考就完"，造成这种问题的原因是学知识的时候只学了皮毛，根本就没把知识完全吃透。

养成主动思考、认真钻研的好习惯，遇事多问自己"为什么"，自己解决不了的主动请教他人。

总结归纳、融会贯通、活学活用，这是学习所有知识的必备法宝。

3. 忽视基础，一味追求偏题难题

　　我喜欢挑战，常常追求偏题难题。每次看到那些有难度的题目，我的眼睛就会发亮，心里想着：要是我能把这些难题都解出来，那该多厉害啊！于是，我把大量的时间都花在了钻研偏题难题上。我会找来各种辅导资料，专门挑那些难题来做，有时候为了解一道难题，我会花费好几个小时。

　　然而，我却忽略了基础知识的重要性。我总是觉得很简单，不用怎么听也能懂。直到有一次考试，我信心满满地走进考场，以为自己能轻松应对那些难题。可是当试卷发下来的时候，我却傻眼了。很多题目看起来很熟悉，但是因为我对基础知识掌握得不扎实而做错了。最后，我的成绩非常不理想。

你身边有没有这样的同学? 他们看上去很厉害, 认为基础题自己一定会做, 哪怕以前已经在基础题上丢过很多分、吃过很多亏, 还是信心百倍地认为, 自己只要再细心一点儿, 基础题肯定会做。而且他们还认为, 基础题分值太小, 不值得花太多的时间和精力去做, 而大题一旦做对了就能拿很多分, 而且大题做对了就证明自己学习能力强。

如果你见到这样的同学, 一定要劝劝他们, 让他们回归到课本上, 好好把基础知识学扎实。

我要问　**边学边问, 学得更快**

老师, 我就是这类同学, 做题时一味地追求偏、怪、难, 对于那些考查基础知识的"简单题"不屑一顾, 结果在这条路上越走越偏。那么, 我该怎么修正自己呢?

学霸说　这样做，早晚爱上学习

1.回归基础知识

学习要回归到课本里的基础知识上，因为课本是经过精心编排的，涵盖了各个学科的核心内容。书上的例题具有代表性，它们通过具体的题目展示了知识点的运用方法。认真研究例题，能够帮助我们更好地理解知识点，掌握解题思路。

课上老师强调的重点知识更是至关重要。老师凭借丰富的教学经验，能够准确地把握知识的重点和难点。老师强调的内容往往是考试的重点，是我们学习的关键。要认真听讲，做好笔记，将这些重点知识牢记在心。

只有扎实掌握课本里的基础知识，才能在学习的道路上稳步前行，为进一步的学习和探索打下坚实的基础。

2.保证基础题不丢分

基础题在整个学习过程中占非常大的比重，有些同学的基础知识掌握得还不错，可平时却把大量的时间花在了偏题难题上面，做基础题的时间就少之又少了。最后，即使偏题难题能全部答对，整体成绩还是不高。

所以，把基础知识吃透理清之后，还要通过做基础题检验自己的学习成果。平时练习或考试时，要尽可能地保证基础题不丢分。

3.做好基础再拔高

确保自己课本上的知识都会了，平时基础题都做对了，再考虑偏题和难题，这样成绩才能从整体上有所提升。

 小·总结 今天我们学到了……

考试可不只考大题，难题偏题毕竟是少数，学习一定要回归基础。

忽视基础，想通过偏题难题得高分，无异于空中楼阁。奠定好基础才能稳扎稳打。

4. 题海战术，
疯狂做题不等于会学习

　　每天放学回家后，我就一头扎进题海里。我会找来各种练习册和试卷，不停地做啊做。看着那堆积如山的题目，我丝毫没有退缩，反而觉得只有这样才能提高成绩。

　　我不停地做题，连休息的时间都很少。有时候遇到难题，我也不会去深入思考，而是赶紧去看答案，然后继续做下一道题。我以为只要做的题多了，自然就会掌握所有的知识点。

　　然而，一段时间下来，我发现自己虽然做了很多题，但是成绩并没有明显提高。我开始感到困惑和迷茫，不知道问题出在了哪里。

老师讲 你眼中的学习是什么样的？

　　同学们，你们有没有发现，你们虽然在没完没了地做题可成绩却始终上不去。是做的题还不够多吗？ 其实是因为做题没有选对方法，要时刻谨记，做题不是为了追求多，而是为了把知识掌握得更好。你们可以通过做题巩固知识，并找出自己的知识漏洞和盲区，这有助于更清楚地了解自己对知识的掌握情况。所以，做题的目的是检验自己的学习成果，做题是提高学习成绩的一种手段，但成绩提高的前提，是要会做题。

　　整天埋头做题的人，不见得会做题，更不等于成绩好。所以疯狂做题，不等于会学习。要想学习成绩好，做题必须有头脑。

我要问 边学边问，学得更快

　　做完老师布置的作业，又做家长买的卷子，可回头又看到别人在做自己没做过的模拟题……我们的时间和精力有限，可是题却是无限的。难道我们就要这样一直将自己淹没在题海当中吗？怎样学习才正确呢？

 **学霸说** 这样做，早晚爱上学习

1.做题之前先复习一遍课本

不要脑袋空空就开始做题，否则不仅不能有效地把诸多知识点消化吸收，还会做得多、错得多，从而打击学习的积极性。

要想更好地巩固知识，可参考如下做法：

平时学完一章或一单元的新课，复习之后，抓紧时间做本章或本单元的练习题，及时巩固当前的知识点。

在做题时迅速找到题目和知识点之间的联系，即看到题马上就知道它要考查的知识点是什么，这样不仅事半功倍，而且也有利于及时发现自己有哪些知识点掌握得不够好。

2.及时核对答案，认真分析错题

一些同学觉得多做题就可以提高成绩，可是只做不分析、不总结，往往以前错过的题，后来还会做错。造成这种问题的直接原因就是不整理和分析错题，长此下去，自己疲惫不堪，但效果甚微。

做完题后要把错题认真分析一遍，把题目中涉及的知识点认真巩固，尽量保证下次见到类似题目时不会再做错。每一道题,都保质保量地完成，这样才是有效的做题方式。

小总结 今天我们学到了……

做太多的题会让自己身心疲惫，如果错题太多，可能还会打击学习的信心，所以与其疯狂做题，不如选择更有效的做题方法。

做题要边做边总结，及时发现自己遗漏了哪些知识点，这比埋头苦做的效率更高。

5. 完美主义，扼杀你的学习效率

在学习中，我似乎陷入了完美主义的陷阱，严重影响到我的学习效率。

每次做作业，我都要求自己必须做到毫无瑕疵。做数学题的时候，哪怕只是一个小小的计算错误，我也会把整页作业撕掉重新做。写作文更是如此。我会为了一个开头绞尽脑汁，花费很长时间去琢磨用哪个词才最完美。如果中间有一句话感觉不太通顺，我就会反复修改，直到觉得无可挑剔。

即使我追求完美主义，可我每次的考试成绩却并不好。我知道不该继续下去，可就是无法摆脱对完美的执着，我的学习效率也因此一直提不上去。

　　过度追求完美会在每个细节上花费大量时间。反复擦写、重做作业、长时间琢磨用词等行为,大大延长了完成任务的时间,导致学习效率低下。其他同学已经完成作业去进行其他有益的活动了,完美主义者却还在纠结于细节,错过了拓展知识、放松身心的机会。

我得好好反思一下自己。

　　当无法达到自己设定的完美标准时,很容易产生挫败感,对自己的能力产生怀疑,进而降低自信心。这种自信心的下降又会进一步影响他们在学习中的表现,形成恶性循环。

我要问 边学边问,学得更快

　　因为追求完美而导致学习没有效率,最后不仅没办法达到理想的完美状态,就连基本的完成都做不到,看来"完美主义"害人匪浅呢!老师,我们该如何克服学习中的完美主义倾向呢?

学霸说 这样做，早晚爱上学习

1.不把问题〝灾难化〞

你是不是只要一出错就害怕？自己在心里把出错的后果放到无限大，并且因此而变得焦躁、沮丧、自暴自弃。其实，做错一件事，犯了一些错，这都没什么，该干什么就继续去干什么，世界末日不会到。对待问题，不必过度焦虑地将它放大延伸为"无法面对的灾难"。要理性接纳，凡事都有多面性，一次错不代表全部错，一个问题带来的不见得全是坏处。很多时候，所谓的问题也不见得就只能带来不利的后果。

2.不等〝最好的时机〞

可能你因为害怕出错、担心不完美，宁可一直拖着不敢动手去做，渐渐形成习惯性拖拉，一遇到事情就往后退缩。

> 我不遗憾，至少我努力过！

其实大多数时候，做事的目标是完成，而不是完美。如果不去做，事情就永远不会完成。不要怕出错，别人也没有那么在意你的错，就算在意又如何？况且事情还没做，怎么知道就一定会出错？

3.看到努力，不只看到成果

做一件事，无论是否成功，都要学会通过过程去看到自己的努力，努力的过程比成功的结果更值得关注。因为，无论成功与否，努力就是一种收获。

小·总结　今天我们学到了……

我们的目标首先是完成任务，而不是保证结果完美，这一点必须搞清楚。

做事前不必过分焦虑，做事时不要过分关注细节，做事后不必在意是否完美。

把目光放长远，出错很正常，而且也是收获的一部分，永远不出错是不可能的。